Educar com sabedoria

20 histórias para aprender e ensinar

Kentetsu Takamori

Traduzido por José Rubens Siqueira e Alice Marsh

Ilustrado por Sumie Saito

Editora Satry

Este audiolivro é composto de uma coletânea de histórias selecionadas dos livros *Um caminho de flores - 75 histórias para mudar sua vida* e *Sementes do coração - Aqui está o segredo da sua força*.

Coordenação e produção editorial: Mauro M. Nakamura
Supervisão de produção: Sandra Kiyomi Suyama Honda
Projeto gráfico, diagramação e capa: Tais Yoshie Itoo
Revisão: Telma Morais, Zélia Harumi Itoo e Suzana Oguro
Foto da capa: Hiroshi Itoo
Modelo da foto da capa: Adriana Lourenço Morais
Supervisão de impressão e acabamento: Marcos Augusto M. Silva

Narração do CD: Martha Meola
Produção do CD: Hidrofonia Audio

Dados Internacionais de Catalogação na Publicação (CIP)
(Câmara Brasileira do Livro, SP, Brasil)

Takamori, Kentetsu
Educar com sabedoria : 20 histórias para aprender e ensinar / Kentetsu Takamori ;
traduzido por José Rubens Siqueira e Alice Marsh ; ilustrado por Sumie Saito. -- 1. ed. --
São Paulo : Editora Satry, 2013.
Títulos originais: Hikari ni mukatte hyaku no hanataba.
Inclui CD.

ISBN 978-85-65166-03-4

1. Contos budistas 2. Budismo 3. Budismo - Filosofia I. Saito, Sumie. II. Título.

13-09912 CDD-294.34

Índice para catálogo sistemático:
1. Budismo: Filosofia 294.34

Editora Satry Ltda.
Rua Manuel de Paiva, 169, sala 4 – Vila Mariana
04106-020 – São Paulo – SP
www.editorasatry.com.br

Sumário

SOBRE O AUTOR E SUAS OBRAS

Kentetsu Takamori é japonês e professor de Budismo. Há mais de meio século dá palestras por todo o mundo, além de ser autor de diversos best-sellers no Japão. Seus principais livros já foram traduzidos para o inglês, chinês, coreano e publicados nos Estados Unidos e em vários países da Ásia e Europa.

Entre suas obras, destacam-se *Um caminho de flores* e *Sementes do coração*, coletânea de histórias que trazem ensinamentos para uma vida melhor e mais feliz, que foram a fonte de inspiração para a produção deste livro.

São contadas 20 histórias em que Takamori apresenta valores e pensamentos sobre a essência humana, importantes para a educação e formação de pessoas de qualquer época, nacionalidade ou cultura.

Honestidade, esforço, gratidão e felicidade são alguns dos assuntos abordados, temas relevantes não só na formação das crianças, mas essenciais para todos os adultos que têm a responsabilidade de educar.

"A educação escolar exerce grande influência na formação do caráter humano, mas acima de tudo é importante a educação recebida em casa, ou seja, aquela que vem das atitudes e do caráter dos pais."
(trecho do prefácio de *Um caminho de flores*)

1. Os filhos são espelhos dos pais

Jacques era um homem honesto que vivia nos confins da França. Era tão pobre que não conseguia pagar o que devia a seu vizinho. Não teve outra escolha a não ser pedir ao vizinho que aceitasse como pagamento meia dúzia de galinhas que havia criado.

No dia seguinte, quando Jacques e sua mulher saíram de casa para trabalhar na lavoura, as galinhas voltaram a seus velhos ninhos e cada uma botou um ovo. Philippe, o filho do casal, de sete anos, viu isso e, muito animado, começou a guardar os ovos num cesto para sua mãe cozinhar depois. Mas logo se deu conta de que as galinhas não pertenciam mais à sua família e que os ovos também deviam ser de seu vizinho. Imediatamente o menino levou os ovos à casa ao lado. Impressionado, o vizinho perguntou: "Seu pai e sua mãe mandaram você aqui, Philippe?"

"Não, eles estão trabalhando na roça", respondeu o rapazinho, "mas tenho certeza de que me mandariam trazer os ovos se soubessem o que aconteceu".

Comovido com tamanha integridade, o vizinho recompensou Philippe com duas galinhas. O menino cresceu e tornou-se um grande estadista.

Quem é honesto até o fim atrai sucesso. Será que os pais de hoje estão criando seus filhos para serem honestos como Philippe?

Numa certa cidade, crianças de até seis anos podiam viajar gratuitamente no trem. Um dia, uma jovem mãe embarcou com sua filhinha de sete anos. Uma senhora sentada na frente das duas perguntou: "Ah, que linda menina. Quantos anos você tem, querida?"

A menina virou para a mãe e disse: "Mamãe, quantos anos eu digo que tenho? Os que eu tenho em casa ou os que eu tenho quando a gente toma o trem?"

A mãe ficou vermelha. Ao ensinar a filha a mentir para economizar uma simples passagem de trem, ela estava prejudicando uma alma inocente.

Não faz sentido uma mãe caranguejo falar para seus filhos andarem para a frente quando ela própria anda de lado.

Se a agulha não costura reto, a linha fica toda torta.

O comportamento das crianças reflete a imagem dos pais, para o bem ou para o mal. Por mais pobres que sejam os pais, eles devem se erguer acima das adversidades e viver com honestidade e coragem. Devem fazer isso tanto para si mesmos como pelo bem de seus preciosos filhos.

2. Coitada da janela

Isto aconteceu quando eu estava num trem, viajando para fazer uma palestra. O vagão era espaçoso e estava tranquilo, com muitos lugares vagos. Acomodei-me confortavelmente e abri um livro que tinha levado. Depois de algum tempo, cansado de ler e embalado pela vibração rítmica do trem, comecei a cochilar. Repentinamente, meus sonhos foram abalados por um apito agudo e o som metálico dos freios. Parecia que o condutor havia encontrado algum tipo de obstáculo num cruzamento.

O choque da parada súbita me lançou para a frente, mas consegui de alguma forma me equilibrar. No mesmo instante, ouvi os soluços agudos de uma criança. Vi então que no banco do outro lado do corredor à minha frente havia uma jovem mãe e seu filho, que estivera se divertindo com a testa encostada ao vidro, olhando a paisagem passar. Quando o trem parou de repente, o menino bateu a cabeça com força na moldura da janela. Seus gemidos ficaram mais altos e mais aflitos. Temendo que tivesse se machucado, levantei-me depressa; no entanto vi, aliviado, que não havia sinal de ferimento. Então presenciei uma cena tão enternecedora que me deixou profundamente comovido.

Quando a dor diminuiu, o menino foi aos poucos se aquietando, enquanto a mãe lhe esfregava a cabeça, tranquilizando-o e murmurando palavras ternas: "Meu filho, deve ter doído muito. Coitadinho. Vou esfregar assim para a dor passar. Mas, veja, meu filho, a janela também deve ter se machucado. Coitada. Deve estar dolorida também. Vamos esfregar para ela se sentir melhor, vamos?". O menino concordou com a cabeça, e ele e a mãe começaram a esfregar a moldura da janela.

Eu fiquei envergonhado, porque pensei que as palavras dela seriam algo como: "Deve ter doído muito. Coitadinho. Tudo culpa dessa janela malvada. Vamos bater nela para que aprenda a não machucar mais os outros, vamos?". Essa é uma cena bem comum, dar à criança uma via de alívio para sua raiva e fazer o momento passar.

Quantas vezes, quando a vida nos causa dor, procuramos pôr a culpa em quem achamos que nos fez sofrer. Buscamos conforto culpando os outros. Pensei que talvez, sem perceber, nós, pais, é que acabemos por incutir essa reação em nossos filhos. A criança é pai do homem, e sem dúvida os pais exercem enorme influência na formação do caráter das crianças pequenas.

As pessoas que só pensam em si mesmas e não se preocupam com os outros terminam nas trevas. Aqueles que seguem em direção à radiante Terra do Buda devem tomar o caminho supremo: beneficiar aos outros e a si mesmos.

Desci do trem desejando verdadeira felicidade à mãe e ao seu filho, de todo o meu coração.

3. O rato e o barril

Uma noite, um rato caiu dentro de um barril. No começo, ele tentou valentemente saltar para fora, mas o barril era muito profundo e seus esforços foram inúteis. Em seguida, ele tentou roer um buraco no barril, porém a madeira era dura demais e grossa demais para seus dentes. Desistindo, procurou desesperadamente outro ponto e tentou roer de novo, mas o resultado foi o mesmo. Uma vez mais tentou, em outro ponto. A madeira dura era impenetrável a todos os seus esforços.

Depois de roer em vão a noite inteira, já quase de manhã, cansado de corpo e de espírito, o ratinho desmaiou e morreu. Se tivesse roído o tempo todo no mesmo lugar, ele teria conseguido abrir um buraco e escapar.

O mundo está cheio de gente que não tem moral para achar graça na história do infeliz ratinho. Quando fracassam num trabalho, procuram outro; se tornam a fracassar, mudam de emprego novamente. Para essas pessoas, faltam a determinação e a força de vontade que permitem concretizar qualquer desejo. A fraqueza, no entanto, faz parte da natureza humana.

Manter o rumo com determinação é difícil. Exige vontade de ferro e esforços incessantes. Quanto mais se vacila, mais se desperdiçam os esforços da vida.

Se você percebe que é isso que está acontecendo, o melhor a fazer é ponderar com cuidado as opções existentes e conduzi-las com firme e incansável esforço. Um trem de subúrbio na hora do *rush* parece tão lotado que seria impossível comportar mais passageiros. Porém, quando se procura entrar mais para o fundo, sempre é possível encontrar um pouco de espaço mais adiante. Ninguém deve se desesperar porque é difícil entrar.

Diz um antigo ditado: "Água mole em pedra dura, tanto bate até que fura".

4. Promessas são para ser cumpridas

Um famoso historiador irlandês chamado William Francis Patrick Napier (1785-1860) era também soldado do Exército britânico. Quando ainda era um desconhecido, estava passeando e encontrou uma menininha malvestida sentada à beira do caminho, chorando abraçada a uns pedaços de cerâmica quebrada. Ele perguntou delicadamente qual era o problema. Ela contou que era filha única e que seu pai viúvo estava muito doente. Havia emprestado um jarro do patrão e estava a caminho do mercado para comprar leite quando derrubou o jarro, que se quebrou. Estava chorando por medo de ser castigada.

Sentindo pena dela, Napier puxou a carteira, mas, como era um estudioso pobre, sua carteira estava vazia. "Volte amanhã aqui nesta mesma hora", ele disse à menina. "Eu trago a você o dinheiro para comprar outro jarro de leite". Apertaram-se as mãos e ele foi embora.

No dia seguinte, Napier recebeu o recado urgente de um amigo: "Estamos aqui com um homem muito rico, interessado em patrocinar seu trabalho. Ele vai embora à tarde, então venha imediatamente". Porém encontrar com o homem rico significaria quebrar a promessa feita à menina. Napier respondeu depressa: "Tenho um negócio importante hoje. Peça desculpas pelo inconveniente, mas tenho de solicitar que ele me receba outro dia". E assim cumpriu sua promessa.

O possível benfeitor primeiro se ofendeu, mas, ao saber por que o estudioso havia se ausentado, ficou muito impressionado e passou a ser seu ardoroso patrocinador.

Gente rica pode ser melindrosa e difícil de lidar. Tem a tendência de achar que o dinheiro lhe dá o direito de que tudo seja do seu jeito. Muitos quebram suas promessas, não seguem seus princípios e transformam-se em escravos do dinheiro.

Os caracteres chineses para "ganhar dinheiro" podem ser lidos também como "pessoa confiável".

Em outras palavras, o dinheiro vem para aqueles que merecem confiança. A base da confiança está em manter uma promessa independentemente do quanto possa nos custar. Promessas que não podem ser cumpridas não devem ser feitas. Quem quebra uma promessa não só cria inconvenientes aos outros, como prejudica a si mesmo.

5. O samurai e o cavalo

Quando ainda era um acólito, Bankei (1622-1693), o monge do budismo zen, sentava-se todas as noites em meditação. Uma manhã, depois de meditar, ele estava descansando num estábulo quando um nobre samurai chegou para treinar seu cavalo. Enquanto Bankei observava tranquilamente, ficou claro que o cavalo não estava bem e que recusava os comandos do cavaleiro. O samurai gritou com o animal e bateu nele.

Bankei protestou: "O que você acha que está fazendo?"

O samurai não deu atenção, apenas chicoteou o animal com mais força. Bankei continuou gritando até que finalmente o samurai desmontou e foi até ele.

"Já faz algum tempo que você está ralhando comigo", disse com calma. "Se tem algo a me ensinar, estou pronto a escutar". Suas palavras eram extremamente polidas, mas estava claro que, dependendo da resposta que recebesse, ele podia explodir em ira.

Sem hesitar, Bankei disse: "É tolice culpar apenas o cavalo por não obedecer às ordens. O cavalo tem suas próprias razões. Se quer que ele escute, tem de convencer o animal. Para tanto, precisa começar a corrigir a si próprio. Entende?"

O samurai era inteligente e humilde, então assentiu com a cabeça, fez uma reverência e se foi. Depois, mudando de atitude, montou seu cavalo. Para sua surpresa, o cavalo parecia outro e docilmente obedeceu a todos os comandos.

Quem fica culpando os outros por tudo de ruim que acontece em sua vida nunca encontra a verdadeira felicidade.

O essencial é olhar honestamente para si mesmo e corrigir as próprias atitudes. Fazendo isso, os outros mudarão também. A vida cotidiana com certeza será mais feliz.

6. Semente que não é plantada não pode crescer

Infeliz é aquele que não conhece a lei da causalidade.

Num certo outono, um homem fez uma viagem ao Oriente. A brisa fresca soprava pelos campos de espigas de arroz maduro que se estendiam em ondas douradas até onde a vista podia alcançar.

Ali perto, um camponês trabalhava calmamente, fumando um cachimbo, o rosto aberto num sorriso.

Mais tarde, o homem voltou e encontrou as ondas douradas colhidas e formando belas pilhas de sacas de arroz ao lado de cada casa, de dentro das quais vinha o som de vozes alegres e risos. O homem disse a si mesmo: "Aqui é o paraíso. Imagine só: as pessoas fizeram uma grande colheita sem nenhum problema!". Ele só podia invejar tamanha felicidade, então foi embora e falou disso a seu vizinho.

O vizinho resolveu dar uma olhada pessoalmente.

Partiu no final da primavera e, quando chegou, encontrou todo mundo coberto de lama e suor, trabalhando duro.

Achou aquilo estranho e seguiu seu caminho. Concluindo os negócios, voltou para casa. Quando passou por ali no mês seguinte, encontrou os camponeses suando em bicas debaixo do sol quente, trabalhando tão duro como antes, sem nenhuma onda dourada à vista e nenhuma saca de arroz. Ele se zangou: "Meu vizinho estava caçoando de mim. Isto aqui não é nenhum paraíso, é um perfeito inferno".

Por trás do sucesso, há lágrimas ocultas.

Se não for plantada, uma semente não pode crescer. Infeliz aquele que não conhece essa lei fundamental de causa e efeito.

7. O homem que tinha tudo

O norte-americano Wallace H. Carothers (1896-1937) inventou o náilon, um tecido revolucionário que logo foi utilizado para produzir meias de incrível elasticidade. Seus patrões na DuPont recompensaram o brilhante químico com um tratamento excepcional. Pelo resto da vida, a companhia assumiu os custos de suas viagens e os gastos em qualquer restaurante em que ele escolhesse comer. Sem dúvida faziam isso com prazer, pois assim impediam que seu principal funcionário fosse atraído para outra empresa. Se ele ficasse insatisfeito e revelasse o segredo da manufatura do náilon a um concorrente, as perdas seriam devastadoras. Tendo isso em vista, o custeio das despesas diárias, de viagens e de bons restaurantes era um preço irrisório a pagar.

Apesar dessa promessa de uma vida fácil, Carothers suicidou-se com a tenra idade de quarenta e um anos.

Num país tropical, um norte-americano ralhou com um nativo que passava o tempo todo cochilando debaixo de uma palmeira.

"Deixe de ser tão preguiçoso!", ele falava com severidade."Por que você não arruma um emprego e ganha algum dinheiro?"

"Para que eu ia querer dinheiro?"

"Você investe no banco e, quando menos esperar, terá uma fortuna."

"E para que eu ia querer uma fortuna?"

"Você constrói uma boa casa para morar. Depois, se ganhar mais dinheiro, poderá ter uma casa de veraneio."

"E para que eu ia querer uma casa de veraneio?"

"Para poder ir ao jardim e cochilar debaixo de uma palmeira."

"Eu já estou cochilando debaixo de uma palmeira."

O que é a felicidade humana? O norte-americano da história abraça uma posição defendida pela humanidade em geral. A história de Carothers demonstra claramente o ponto fraco dessa filosofia.

8. Ganhar pouco, perder muito

Ao entardecer, um camponês retornava para sua casa às pressas, por uma trilha na montanha, levando uma grande vaca. O animal era evidentemente um bem precioso para ele porque toda hora ele olhava para trás para ver como a vaca avançava e a tratava com terna consideração.

Não demorou muito e dois sujeitos suspeitos apareceram atrás dele. Um sussurrou para o outro: "Está vendo essa vaca? Aposto que consigo roubar dele agora mesmo".

Seu companheiro sacudiu a cabeça, duvidando.

"Você é um bom batedor de carteiras, eu até concordo, mas não vai conseguir roubar uma vaca tão grande em plena luz do dia!"

"Pois olhe só. Vou mostrar como sou bom."

O ladrão andou mais depressa, ultrapassou o camponês com sua vaca e desapareceu atrás de um pequeno altar numa curva do caminho.

Quando o camponês passou perto do altar, notou alguma coisa caída no chão. Abaixou-se para pegar e viu que era um sapato de couro novinho. "Que achado!", disse para si mesmo. "Pena que seja só um pé. Não adianta nada sem o par". Jogou fora o sapato e seguiu seu caminho.

Logo viu outra coisa caída no caminho e se abaixou para pegá-la. Claro que era o outro pé do sapato. Se tivesse guardado o primeiro, teria agora um belo par de sapatos. Já estava meio escuro. "Ninguém passa por aqui a esta hora", pensou ele. "O sapato deve estar lá ainda". Animado com a ideia, ele amarrou a vaca numa árvore e voltou correndo para pegar o sapato que jogara fora. Lá estava ele, no mesmo lugar. "Hoje é meu dia de sorte!", exultou. "Imagine só, arrumar um bom par de sapatos em troca de nada!"

Voltou cheio de alegria, mas descobriu que a vaca, sua posse mais preciosa, havia desaparecido sem deixar sinal. Muita gente é assim: distrai-se a tal ponto pelo desejo de ganho imediato que acaba perdendo o que importa.

9. O segredo da felicidade doméstica

Uma família que vivia sempre em atritos era vizinha de uma família harmoniosa e que construíra um lar tranquilo. O chefe da família briguenta ficava perplexo ao constatar como todo mundo se dava bem na casa vizinha. Finalmente, um dia, ele foi procurar o vizinho e disse consternado: "Como você deve saber, nossa família está sempre brigando e não sei mais o que fazer. Na sua família, vejo que todos se dão muito bem. Por favor, me diga qual é o seu segredo".

O vizinho respondeu: "Não há nada especial. Provavelmente, na sua família, todos estão sempre certos. Aqui em casa, nós todos estamos sempre errados, então nunca discutimos. É só isso".

Certo de que estava sendo ridicularizado, o visitante estava a ponto de explodir de raiva quando ouviu um alto ruído vindo de dentro da casa. Parecia que algum objeto de cerâmica tinha caído no chão.

Ouviu-se a voz de uma moça, penitente: "Desculpe-me. Não olhei por onde andava e derrubei aquele vaso que era tão importante para a senhora. A culpa é minha. Por favor, desculpe-me".

"Bobagem", disse a sogra. "Não é culpa sua, não. Eu estava sempre pensando em guardar esse vaso, mas acabei não fazendo isso. Eu é que não devia ter deixado o vaso no caminho. Sou eu quem deve pedir desculpas".

Então, o visitante pensou assim: "Entendi. Todo mundo nessa família está sempre errado e admite isso. Por isso não há brigas".

Não posso condenar ninguém
por maiores que sejam seus defeitos,
porque eles não são quase nada
se forem aos meus comparados.

10. Os frutos do esforço constante

A cidade de Osaka é apaixonada por comida. Lá existe um famoso restaurante de sobá. O dono, um hábil empresário, quando viaja faz questão de passar sempre em outros restaurantes para experimentar novas receitas.

Ele pede detalhes sobre os ingredientes do macarrão, do molho de soja e do caldo. Ao voltar a Osaka, compara cuidadosamente a sua maneira de preparar o macarrão com a de outras pessoas, sem poupar esforços para aperfeiçoar o produto que vende.

Um dia, um cliente veio de longe ao seu restaurante, atraído por sua fama. Quando entrou, encontrou o proprietário cerimoniosamente sentado ao balcão. Para surpresa do cliente, antes de servir cada tigela, a garçonete apresentava o prato ao proprietário, que experimentava a comida e dava seu veredicto. Ele vivia segundo um princípio inabalável: nenhum cliente seu seria servido com comida abaixo do padrão por ele estabelecido. Diante dessa demonstração de absoluto compromisso com a qualidade, o cliente encheu-se de admiração.

A fama por excelência não vem por acaso, ele entendeu. Nem acontece do dia para a noite.

Uma vez, um homem procurou o músico Sigismund Thalberg (1812-1871) e pediu-lhe que tocasse uma peça para piano. Estava planejando lançar uma composição nova dentro de poucos dias e queria que fosse bem apresentada. A resposta de Thalberg o pegou de surpresa: "Desculpe, mas não dá tempo de ensaiar".

"Sem dúvida um grande músico como o senhor é capaz de aprender esta peça simples em poucos dias", o homem protestou.

"Não", disse Thalberg. "Não executo nenhuma peça musical em público a menos que tenha ensaiado pelo menos cinquenta vezes por dia, durante um mês, ou seja, mais de mil e quinhentas vezes no total".

Essas são de fato palavras de um mestre. Tal é a dedicação de um grande homem. Quem quer sobressair, mas vive apenas ao seu bel-prazer, vai acabar procurando pelo em ovo.

11. Gente ocupada tem mais tempo

Um estudante foi visitar um homem de sucesso. "Meu senhor", disse, "estou tão ocupado ultimamente que nem tenho tempo para estudar. É uma terrível dificuldade".

"Não seja ridículo!", exclamou o anfitrião. "Você não sabe que quanto mais coisas uma pessoa tem para fazer, mais consegue estudar? Quando você tem tempo livre, provavelmente vai dormir. Você precisa entender que não existe um tempo especial para estudar. O estudo real é feito durante momentos roubados do dia, no meio de outras tarefas. Quem diz que está ocupado demais para estudar não faz nada quando tem tempo livre. Veja como conseguir resultados superiores: quando outras pessoas estudarem, acompanhe o ritmo delas e, quando elas estiverem descansando, continue estudando. Usar ou desperdiçar o tempo só depende de nós mesmos".

"O tempo voa como uma flecha", diz o ditado. E de fato os dias e meses passam depressa. Os acontecimentos de ontem ou de hoje logo se tornam passado: dois ou três meses, meio ano, um ano passam num piscar de olhos. Colhidos no turbilhão de correspondências, telefonemas e visitas, pressionados por prazos, deixamos passar o que precisa de fato ser feito.

O fim da vida vem depressa e a grande questão é o que vem depois da morte. Que não se perca um só minuto.

12. A pedra no centro da cidade

Um rei saiu quietinho de seu castelo no meio da noite quando ninguém estava olhando e colocou uma grande pedra no centro da cidade. De manhã, um soldado bêbado tropeçou nela, caiu e bateu a cabeça. "Quem pôs esta maldita pedra aqui?", rosnou ele. "Queria ensinar uma lição a esse idiota".

Xingando, ele seguiu seu caminho. Logo depois surgiu um cavalheiro montado em seu cavalo e por pouco ele não caiu em cima da pedra. Parou e disse: "Nossa, foi por pouco! Eu podia ter morrido. Que brincadeira maldosa!". Protestando, foi-se embora.

Depois de mais algum tempo, apareceu um camponês puxando sua carroça. "O que é isto?", exclamou. "Alguém pôs uma grande pedra aqui. É perigoso e atrapalha a passagem". Resmungando, chutou a pedra e seguiu em frente.

Nenhum deles pensou em remover a pedra.

Um mês depois, o rei reuniu o povo na praça da cidade e advertiu: "Fui eu quem pôs a pedra aí. Mas ninguém fez o menor esforço de removê-la pelo bem coletivo. Isso é sinal de falha no meu próprio governo. Hoje eu vou pessoalmente remover a pedra".

Quando ele o fez, viu-se que debaixo dela havia uma bolsa marcada com o seguinte texto: "Para quem remover a pedra do meio do caminho". A bolsa estava cheia de ouro e joias.

As cerejeiras da montanha florescem maravilhosamente mesmo quando não há ninguém para olhar. Deve-se fazer o bem com sinceridade, mesmo quando ninguém está vendo.

13. O prato mais saboroso

Era uma vez um rei que estava decidido a comer o prato mais saboroso do mundo. Ele reuniu cozinheiros de toda parte, mas estava tão acostumado a comer bem que tinha o paladar cansado e nada o atraía. "Esses cozinheiros não valem nada!", rosnou. "Encontrem um *chef* melhor!"

Seus assistentes estavam perdidos, até que alguém deu um passo à frente e disse que era o melhor cozinheiro do mundo.

"Consegue fazer uma comida capaz de me satisfazer?", perguntou o rei.

"Consigo, Majestade, mas primeiro tenho de pedir que o senhor faça exatamente o que eu disser."

Relutante, o rei concordou. "Parece interessante. Tudo bem, eu aceito, então siga em frente e faça a comida".

Durante os três dias seguintes, o cozinheiro não saiu de perto do rei; ficou ali sentado sem fazer nada.

"Quando vai cozinhar para mim?", perguntou o rei.

"Logo, Majestade, prometo."

No terceiro dia, quando o rei já estava fraco de fome, o cozinheiro trouxe um prato simples de vegetais. "Aqui está o prato mais saboroso do mundo, conforme o prometido. Bom apetite".

O rei estava faminto. Depois de engolir tudo, deslumbrou-se: “Nunca comi nada tão delicioso em toda a minha vida. O que era isso e como você fez?”

“O molho que deixa toda comida deliciosa é a fome”, respondeu o cozinheiro. “Quando se está com fome, qualquer comida parece ambrosia”.

O prazer de comer vem de matar a fome. Sem o desconforto da fome, o prazer de uma boa comida não existe. O mesmo vale para a vida: quem evita o sofrimento também não consegue sentir prazer. Quem tem medo não tem acesso à verdadeira felicidade.

Só quem conhece a dor reconhece a alegria.

14. Zangado, conte até dez

A fêmea do hipopótamo do zoológico de Ueno emprenhou. Os tratadores esperaram ansiosamente o nascimento, mas, quando chegou a hora, para grande decepção de todos, o filhote nasceu morto. Ao procurar esclarecer o fato, descobriram que, quando a mãe fora transferida para um ambiente diferente durante a gestação, ficara furiosa e o episódio provocara a morte do feto. Eu me lembro de ter lido no jornal a notícia dessa tragédia que poderia ter sido evitada.

O efeito da raiva em humanos é igualmente desastroso. Quantas vezes não escutamos histórias de brigas de rua que se transformam em lutas nas quais alguém fica furioso, desmaia e às vezes até morre, antes mesmo de dar um golpe? A raiva faz o organismo liberar toxinas capazes de destruir a saúde.

E há aquela famosa história de um eminente monge que passou quarenta anos recitando o Sutra do Lótus e, numa explosão de cólera, perdeu num instante todo o mérito tão duramente adquirido.

Quando o sangue sobe à cabeça num ataque de raiva, podemos dizer e fazer coisas que jamais imaginaríamos. E o resultado é que ficamos sozinhos e perdidos, chorando lágrimas amargas.

Mas se no momento da raiva paramos por um segundo para pensar por que estamos furiosos, o que nos deixou tão perturbados, nossa indignação quase sempre se evapora como neve num dia ensolarado.

Se você foi atacado injustamente, não há por que culpar seu atacante. Ele acabará voltando e pedindo perdão. Ninguém pode contrariar a verdade. Se você descobre que está errado, siga o provérbio: "Nunca é tarde demais para mudar".

Tome medidas imediatas para se corrigir, melhore a si mesmo. Defender-se desnecessariamente, mesmo estando errado, e ficar furioso é o auge da tolice.

O resultado da raiva é um triste vazio. Então, quando ficar zangado, conte até dez; quando alguém ficar zangado, saia de perto. É um sábio conselho dos antigos.

15. Memória dos tempos de estudante

Quando eu ainda era estudante, vivíamos um período em que o caos do pós-guerra havia amenizado um pouco. Fui convidado a dar uma palestra e teria de viajar mais de dez horas de trem para chegar ao local. Estava completamente exausto. Quando vi a plataforma lotada de passageiros, pensei: "Se ao menos conseguisse um lugar para sentar..."

O trem parou na plataforma, entrei às pressas e por sorte achei um lugar vago. Aliviado, me acomodei. A cada estação o trem ficava mais lotado. Os passageiros em pé ocupavam até mesmo os espaços entre os assentos.

Logo, uma senhora idosa foi sendo empurrada e parou à minha frente. A cada balanço mais forte do trem, ela cambaleava exageradamente, quase caía em cima de mim, como se fosse um pedido para eu lhe ceder o lugar. Senti que ela pensava: "Você é um estudante ainda jovem. Olhe para mim. Sou uma velha cansada".

Com dor na consciência, pensei com meus botões: "É uma viagem longa. Consegui este lugar com muito custo. Por favor, coloque-se no meu lugar".

De repente, no banco à minha frente, vi que um cavalheiro de meia-idade me encarava, como se dissesse: "Você é um jovem estudante. É evidente que deve ceder o lugar a essa senhora".

Fiquei revoltado e respondi em pensamento: "O senhor tem bigodes, mas ainda não é velho. Se está tão preocupado com essa senhora, por que não cede o seu lugar para ela?", e propositadamente virei o rosto para a janela, ignorando o olhar que ele lançava para mim.

A senhora idosa continuava cambaleando, o cavalheiro de bigode continuava me criticando com o olhar, e a dor na consciência me pesava como um fardo.

"Vou ceder meu lugar com dignidade. Talvez me sinta melhor", pensei. Se eu me levantar, essa senhora ficará contente e me agradecerá várias vezes. O cavalheiro de bigode ficará satisfeito e as pessoas ao redor olharão para mim com admiração.

Então me levantei e com um gesto cortês falei alto: "Por favor!"

Mas que decepção! Ela não demonstrou nenhuma alegria. Calada, sentou-se sem nada dizer. Olhei para ela e meu coração se encheu de arrependimento: "Que mulher sem escrúpulos. Não sei como conseguiu sobreviver até hoje", pensei.

Frustrado pela falta de reconhecimento, dentro de mim eu ralhava secretamente com o cavalheiro de bigode: "Falar é fácil, fazer é difícil. Quem muito fala pouco faz!"

Nesse momento ouvi uma voz me dizer:

Os bons atos que pratico são contaminados com veneno e por isso são chamados de práticas falsas e vazias.

Era a voz de Shinran Shonin, arrependido de sua natureza maligna, capaz apenas de praticar atos bons com a mente cheia de maldade.

16. Enigma

Ikkyu era um menino muito perspicaz. Tinha sete ou oito anos. Foi até o quarto do mestre, que estava ausente, e lá encontrou seu colega veterano que chorava desconsoladamente.

"Por que você está chorando?", perguntou Ikkyu.

"Eu queria ver de perto esta tigela que foi presente do xogum Ashikaga e que o mestre tanto elogiava. Como ele saiu, achei que era a minha chance. Tirei a tigela da caixa, me pus a admirá-la e de repente ela caiu e se quebrou."

O colega chorava desesperado, tentando grudar a tigela que se partira em dois.

"O quê? Você está chorando por causa disso? É um fato grave, sim, mas choramingar não resolve nada. Você é aprendiz do budismo zen. É uma vergonha chorar por causa de uma tigela quebrada. Nem pelas coisas mais graves se deve chorar. Não esqueça a honra do aprendiz zen. Chorar não resolve nada. Pode parar."

"Eu sei disso, Ikkyu. Sei que mesmo chorando não tem jeito. Por isso não consigo parar de chorar. Coloque-se no meu lugar!"

"Como você é medroso... Mas, mesmo assim, é meu amigo, como se fosse meu irmão. Faz de conta que fui eu que quebrei a tigela. Daí você não precisa mais chorar."

"É mesmo, Ikkyu? Eu ficaria tão grato... Você é sempre tão esperto. Será que consegue enrolar o mestre? Conto com você, Ikkyu. Darei para você a minha parte do bolo que trouxerem na próxima cerimônia budista."

Diante da súplica do colega e da promessa de ganhar o bolo que ele nem sabia se receberia, Ikkyu assumiu a culpa de ter quebrado a tigela. Guardou-a de qualquer jeito, correu para o salão e, como sempre, entregou-se às suas brincadeiras.

À tardezinha, o mestre voltou. Os dois foram ao seu encontro e, lado a lado, cumprimentaram o mestre.

"Olá, Ikkyu. Fazendo travessuras como sempre?", perguntou o mestre, bem-humorado.

"De jeito nenhum, mestre. Hoje, nem tive tempo de fazer travessuras. Fiquei o dia todo meditando, tentando resolver um enigma."

"O quê? Você fazendo meditação?! É meio suspeito. Aposto que estava dormindo."

"Não estava, não, mestre. Fiquei concentrado na meditação, mas o enigma é tão difícil que ainda não consegui resolver."

"Então, me diga qual é essa questão difícil?"

"É o enigma da vida e da morte. Fiquei pensando: será que todo mundo tem de morrer, ou será que existe alguém imortal?"

"Hmm... O enigma da vida e da morte... E então, Ikkyu, conseguiu resolver o enigma?"

"Pois é... Ainda não consegui."

"Não conseguiu? Você é muito esperto, mas não passa de uma criança. Ouça bem, quero que fique bem claro de uma vez por todas: 'Quem vive com certeza morrerá'. Assim ensinou o Buda Sakyamuni. Ninguém consegue escapar da morte, nem Buda, nem Daiba*, nem mesmo o herói mais valente."

"Puxa, a morte é tão terrível assim? Muito obrigado, agora um dos enigmas está resolvido."

"O quê? Tem mais alguma coisa que você não sabe, Ikkyu?"

"Tem, sim. É o enigma da formação e da destruição dos objetos. Será que os objetos que existem neste mundo sempre se quebram, ou há coisas que jamais se quebram?"

* Devadatta. Primo do Buda Sakyamuni que tentou matá-lo e por isso é considerado seu pior inimigo.

"Hmm... Você é um menino inteligente, mas ainda é uma criança. Ficou pensando numa coisa tão banal? Vou explicar. Tudo o que existe neste mundo um dia, com certeza, vai se desfazer. Preste atenção. Buda Sakyamuni ensinou que esse é o princípio da formação e da destruição."

"Mas, mestre... Mesmo tomando todo o cuidado com um objeto que é muito precioso, ele pode se quebrar?"

"Exatamente. Mesmo sendo algo muito precioso, quando chega o momento, não há como evitar que se quebre."

"Puxa! Que terrível quando chega esse momento, não é?"

"Muito terrível. Mesmo a força do Buda não consegue evitar que isso aconteça."

"Agora entendi muito bem todos os enigmas que fiquei tentando resolver o dia inteiro. Quem nasce com certeza morrerá. Tudo que tem forma um dia vai se quebrar. Essa é a verdade do universo, estou certo?"

"Correto. São princípios que nunca falham."

"Entendi. Quem alcançou a iluminação não se desespera nem se lamenta quando morre alguém muito querido. Quando um objeto muito precioso se quebra, não fica bravo nem se zanga com quem o quebrou. Em vez disso, consegue ver com clareza que simplesmente chegou a hora de o objeto se quebrar. É o que chamamos de iluminação, não é?"

"Exatamente."

"Acho que ninguém é mais feliz do que nós, os discípulos do mestre que alcançou a iluminação."

"Ei, não fique me bajulando, porque não tenho nada para lhe dar."

"Não se preocupe, mestre. Não precisa me dar nada. Eu é que tenho uma coisa para o senhor. Infelizmente, como o senhor pode ver, chegou a hora de esta tigela se quebrar."

Com toda a compostura, Ikkyu colocou a tigela quebrada na frente do mestre.

O mestre ficou chocado. Entretanto, diante do que acabara de ensinar, não podia se zangar. Só conseguiu balbuciar: "Já chegou a hora de ela se quebrar?"

17. Dar ouvidos

Difícil dizer qual era o mais tolo: se o pai, Kantaro, ou o filho, Kansuke. Trabalhavam ambos na lavoura, mas nada dava certo. Quando se viram sem dinheiro, venderam todos os móveis da casa. A única coisa que sobrou foi um potro. Por fim, resolveram levar o potro até a cidade e vendê-lo.

No caminho, passaram por algumas pessoas, que cochicharam: "Dois homens adultos puxando um cavalo. Por que será que um deles não monta no animal?"

O pai pensou: "É verdade". E disse: "Kansuke, monte no cavalo que eu puxo".

O filho montou e continuaram caminhando. Logo passaram outras pessoas, que disseram: "Que filho ingrato. Montado no cavalo com todo o conforto, enquanto o velho pai puxa o animal".

O pai pensou que aquelas pessoas também tinham razão e disse: "Kansuke, eu monto no cavalo e você puxa".

E de novo se puseram a caminhar, até que ouviram outro grupo dizer baixinho: "Que pai mais desalmado! Vai montado no cavalo e o filho tem de andar puxando as rédeas".

Mais uma vez Kantaro concordou e disse ao filho: "Kansuke, monte você também no cavalo".

E assim foram os dois montados no potro.

Logo adiante, ouviram novos comentários: "Que horror! Vejam esse pai e esse filho. Os dois montados no pobre cavalo. Que crueldade!"

Pai e filho acharam que as pessoas tinham razão. Amarraram as patas do animal e juntos o carregaram nas costas. Quando estavam atravessando uma ponte, passou um carro, o animal se assustou, caiu no rio e morreu afogado.

É importante manter a mente aberta e ouvir a opinião alheia, mas quem orienta sua vida apenas pelo que dizem os outros jamais conseguirá fazer um trabalho decente.

18. Nem tudo é como queremos

A mãe chamou a filha e disse: "Querida, está na hora de você se casar. Dois homens pediram a sua mão".

A menina ficou corada.

"Um dos pretendentes é muito rico, mas não é bonito", continuou a mãe. "O outro é extremamente vistoso, mas não tem um centavo. É a sua vida, por isso você é quem deve escolher. Pense bem e me diga qual é a sua decisão".

A mãe mostrou à filha fotos dos dois pretendentes. A garota olhava timidamente para a foto de um e de outro, sem nada dizer.

"Vejo que está difícil para você contar qual escolheu. Vamos fazer o seguinte: vou ficar de costas e, enquanto não estou olhando, você despe um ombro do quimono: se quiser se casar com o homem rico, dispa o lado direito; se quiser o homem bonito, o lado esquerdo."

A mãe se virou e esperou alguns minutos.

"Está pronta?", perguntou.

Quando se voltou, a filha havia despido ambos os ombros do quimono.

"O que é isso?", perguntou a mãe.

A filha explicou: "Quero o marido rico durante o dia e o marido bonito à noite".

A autoria da história apresentada a seguir é atribuida a Esopo.

Um homem de meia-idade apaixonou-se por duas mulheres. Uma delas era bem mais jovem que ele e a outra, muitos anos mais velha. A mulher nova queria que o homem parecesse jovem, por isso todas as noites, depois do jantar, fazia do colo um travesseiro para ele e arrancava seus cabelos brancos.

A mulher mais velha não queria que ele parecesse jovem, por essa razão todos os dias, depois do café da manhã, arrancava cuidadosamente seus cabelos pretos. Logo, o homem ficou totalmente careca.

Moral da história: "Quem cede a todos logo acaba sem nada para ceder".

Na vida, muitas vezes casais ricos não têm filhos. Por mais que se esforcem, não conseguem conceber uma criança. Outros têm muitos filhos, mas nenhum dinheiro, e por mais que trabalhem não conseguem guardar nem um centavo.

Alguns têm o rosto bonito, porém são baixos e, por mais exercícios que façam, não conseguem aumentar sua estatura. Outros têm o físico elegante, são altos, esbeltos; no entanto, o rosto deixa muito a desejar. Não há cirurgia plástica capaz de ajudá-los.

Na vida, dificilmente as coisas são como queremos.

19. Tudo

A chuva cai igualmente sobre ervas daninhas e árvores; cada uma recebe uma quantidade diferente de água e cresce igualmente.

Nosso corpo é composto de muitos órgãos: olhos, nariz, boca, ouvidos, braços, pernas... Por mais ocupados que estejam nossos braços, as pernas não podem ajudar; mesmo que nossos olhos estejam cansados, os ouvidos não podem substituir a sua função.

Olhos e ouvidos, cada qual cumpre sua função para proteger seu posto. O trabalho conjunto permite que o corpo funcione devidamente. Se um mosquito pica sua perna, a mão não vai ficar parada e dizer: "Não fui eu que fui picada".

Nossos olhos vão conferir onde o mosquito picou e, com um tapa, a mão o mata. Sempre que a situação fica crítica, todos os órgãos juntam forças para proteger a vida do corpo.

A chuva cai igualmente sobre ervas daninhas e árvores. Não discrimina pelo tamanho uma pequena erva de uma árvore. No entanto, a quantidade de água é absorvida de acordo com o tamanho da erva e da árvore: menos pela pequena erva e mais pela árvore. O que acontece quando ambas recebem a mesma quantidade de água? Algumas recebem água de mais e morrem; outras, água de menos e não crescem.

A chuva cai igualmente, a erva e a árvore absorvem desigualmente e crescem igualmente. Contudo, este mundo é cheio de desigualdade. Alguns nascem numa família rica; outros, numa casa pobre; alguns são inteligentes, outros, não; alguns têm talento, outros, não; e assim por diante. Tudo é muito variado.

Alguns ocupam uma alta posição e predominam, outros se esforçam para galgar os degraus do sucesso; há aqueles que se empenham em guardar dinheiro no banco, outros que sofrem por pobreza ou incapacidade; há escravos dos sentidos que se corrompem; há os que costumavam se gabar de sua força e acabam tratados como um estorvo depois de sofrer uma paralisia total; há pessoas que choram por um casamento fracassado, outras que se desesperam porque perderam todos os bens num incêndio.

A vida segue muitos caminhos. Somos todos atores, desempenhando nosso próprio papel no palco. Apenas isso. Quando a peça termina, voltamos para a coxia. Então somos todos iguais, ninguém é superior nem inferior a ninguém.

20. O leão e o rato

O leão, rei da floresta, estava cochilando depois de uma pesada refeição. Ao esticar uma pata, pegou um ratinho. O ratinho gritou, desesperado: "Ó, poderoso rei leão, me deixe ir embora. Se me poupar agora, nunca esquecerei sua bondade e, no momento de necessidade, com certeza vou poder retribuir".

O leão riu alto. "Não acho que algum dia eu vá precisar da ajuda de alguém como você. Estou de barriga bem cheia agora, então vou poupar sua vida. Vá!", disse ele, e soltou um poderoso rugido. O rato agradeceu muitas vezes e foi embora.

Momentos depois, o leão estava vagando pela floresta e caiu numa grande armadilha. Suas patas e o pescoço ficaram presos numa rede e, quanto mais ele se sacudia, mais as cordas o apertavam. Em pouco tempo, mal conseguia respirar.

O rato cuja vida ele havia poupado ouviu o que estava acontecendo e veio correndo ajudar: "Ó, grande rei", disse ele, "vou salvar sua vida agora". E, roendo as cordas, libertou o leão.

As coisas não devem ser medidas pelo tamanho, pois mesmo um ratinho é capaz de ajudar um leão poderoso. Durante a vida recebemos favores de muitas pessoas e devemos reconhecer os gestos de bondade, que podem chegar a qualquer momento. Devemos agir sempre com bondade e sentir compaixão por todas as coisas.